AF221732

Impressum
Verlag: BABADADA GmbH, Nedderfeld 112 , 22529 Hamburg
Geschäftsführer / Verlagsleitung: Harald Hof
Druck: Books on Demand GmbH, In de Tarpen 42, 22848 Norderstedt

Imprint
Publisher: BABADADA GmbH, Nedderfeld 112 , 22529 Hamburg, Germany
Managing Director / Publishing direction: Harald Hof
Print: Books on Demand GmbH, In de Tarpen 42, 22848 Norderstedt, Germany

школа

mokykla

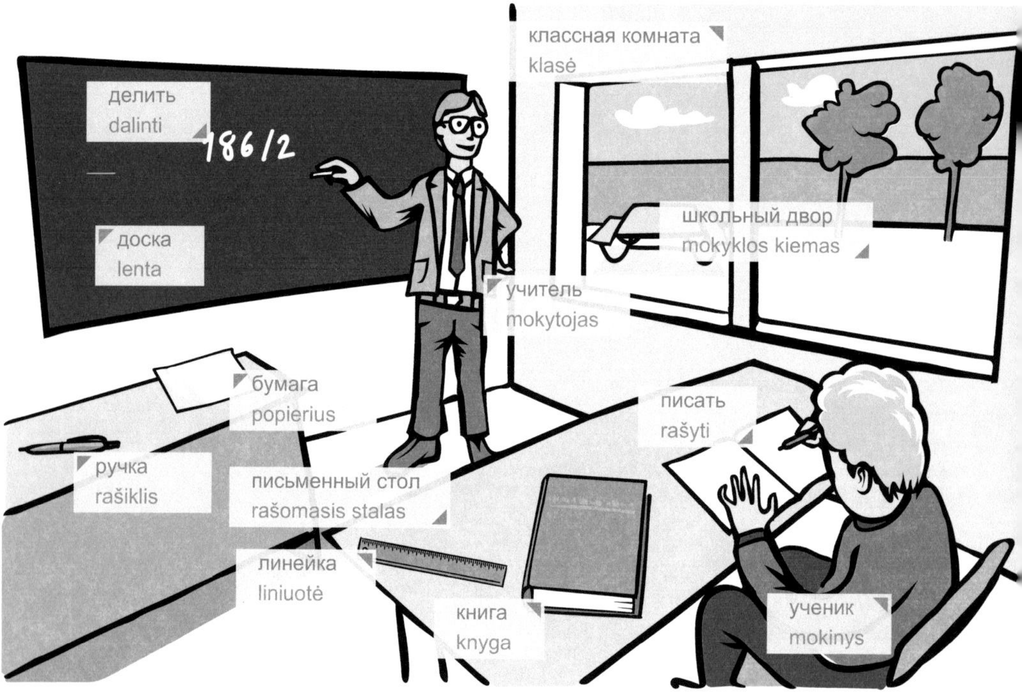

классная комната
klasė
делить
dalinti
186/2
доска
lenta
школьный двор
mokyklos kiemas
учитель
mokytojas
бумага
popierius
писать
rašyti
ручка
rašiklis
письменный стол
rašomasis stalas
линейка
liniuotė
книга
knyga
ученик
mokinys

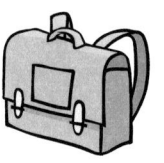

ранец

kuprinė

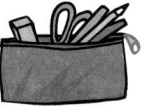

пенал

penalas

карандаш

pieštukas

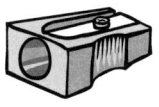

точилка

drožtukas

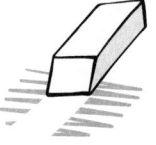

ластик

trintukas

альбом для рисования

piešimo bloknotas

рисунок

piešinys

кисточка

teptukas

коробка красок

dažų dėžutė

ножницы

žirklės

клей

klijai

тетрадь

vadovėlis

домашняя работа

namų darbai

цифра

numeris

прибавлять

pridėti

вычитать

atimti

умножать

dauginti

считать

skaičiuoti

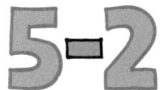

буква

raidė

алфавит

abėcėlė

слово

žodis

текст

tekstas

читать

skaityti

мел

kreida

урок

pamoka

классный журнал

dienynas

экзамен

egzaminas

диплом

pažymėjimas

школьная форма

mokyklinė uniforma

образование

išsilavinimas

энциклопедия

enciklopedija

университет

universitetas

микроскоп

mikroskopas

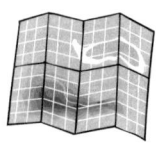

карта

žemėlapis

корзина для бумаг

šiukšliadėžė

путешествие

kelionė

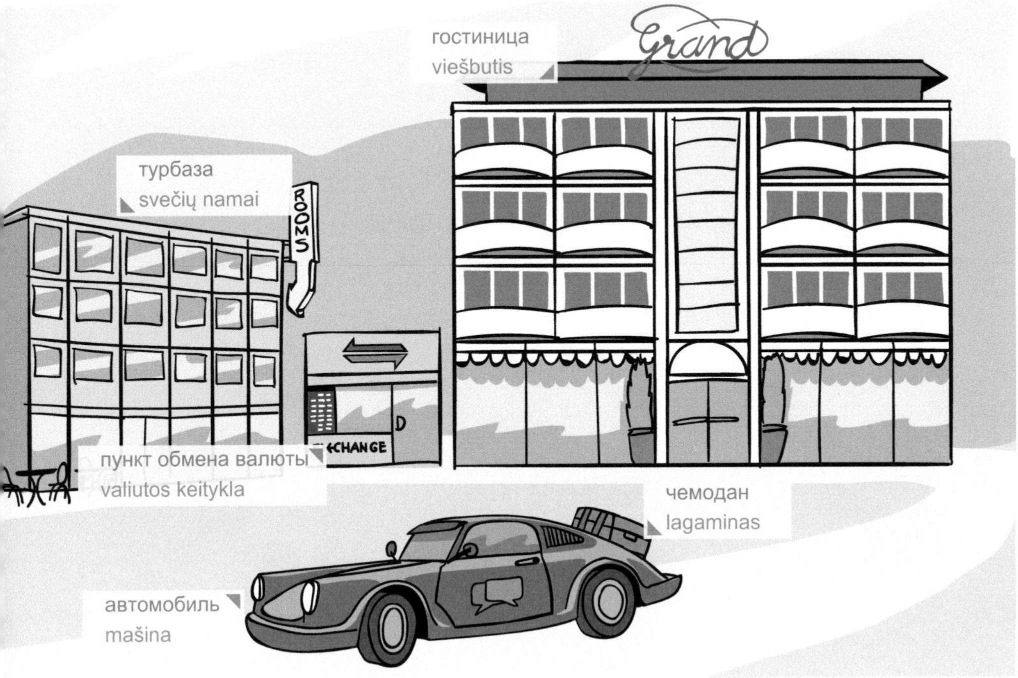
гостиница
viešbutis
Grand
турбаза
svečių namai
ROOMS
EXCHANGE
пункт обмена валюты
valiutos keitykla
чемодан
lagaminas
автомобиль
mašina

язык

kalba

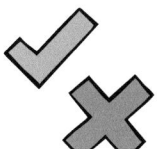

да / нет

taip / ne

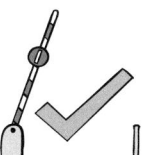

хорошо

Gerai

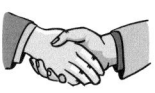

Привет

sveiki

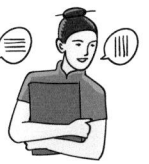

переводчик

vertėjas raštu

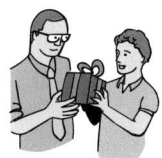

Спасибо

Ačiū

Сколько стоит…?

kiek kainuoja...?

Я не понимаю

aš nesuprantu

проблема

problema

Добрый вечер!

Labas vakaras!

Доброе утро!

Labas rytas!

Доброй ночи!

Labos nakties!

До свидания

viso gero

направление

kryptis

багаж

bagažas

сумка

krepšys

рюкзак

kuprinė

гость

svečias

комната

kambarys

спальный мешок

miegmaišis

палатка

palapinė

туристическая информация
turizmo informacija

пляж
paplūdimys

кредитная карточка
kreditinė kortelė

завтрак
pusryčiai

обед
pietūs

ужин
vakarienė

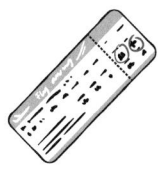

билет
bilietas

лифт
liftas

почтовая марка
pašto ženklas

граница
siena

таможня
muitinė

посольство
ambasada

виза
viza

паспорт
pasas

транспорт
transportas

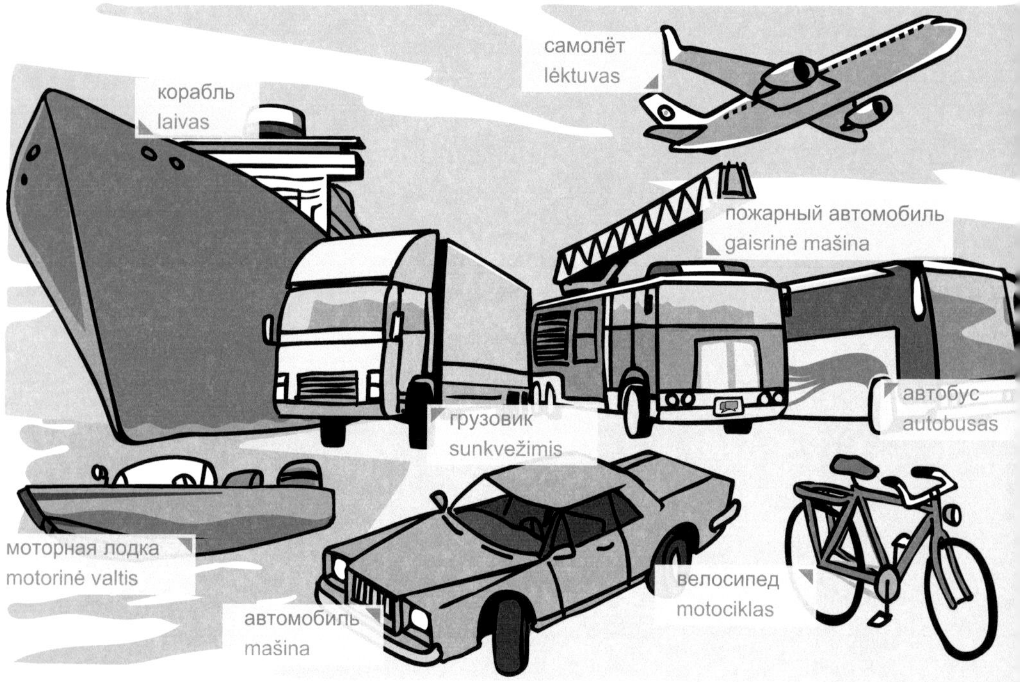

самолёт
lėktuvas
корабль
laivas
пожарный автомобиль
gaisrinė mašina
автобус
autobusas
грузовик
sunkvežimis
моторная лодка
motorinė valtis
велосипед
motociklas
автомобиль
mašina

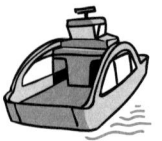

паром

keltas

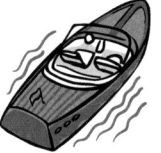

лодка

valtis

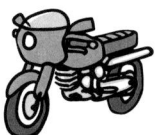

мотоцикл

mopedas

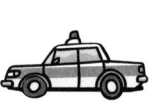

полицейский автомобиль

policijos automobilis

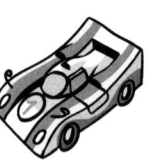

гоночный автомобиль

lenktyninis automobilis

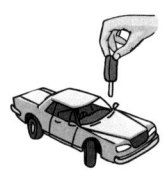

арендованный автомобиль

nuomojamas automobilis

совместное пользование
автомобилями

bendras automobilio
naudojimas

буксировочный
автомобиль
techninės pagalbos
automobilis

мусоровоз

šiukšliavežė

двигатель

variklis

топливо

degalai

заправка

degalinė

дорожный знак

kelio ženklas

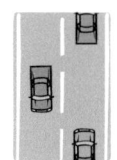

движение

eismas

пробка

eismo spūstis

автостоянка

mašinų stovėjimo aikštelė

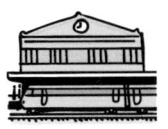

вокзал

traukinių stotis

рельсы

bėgiai

поезд

traukinys

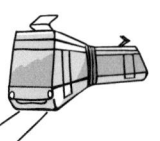

трамвай

tramvajus

вагон

vagonas

вертолёт

sraigtasparnis

аэропорт

oro uostas

вышка

bokštas

пассажир

keleivis

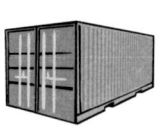

контейнер

konteineris

коробка

dėžė

тележка

vežimėlis

корзина

krepšys

взлетать / приземляться

pakilti / nusileisti

город
miestas

деревня

kaimas

центр города

miesto centras

дом

namas

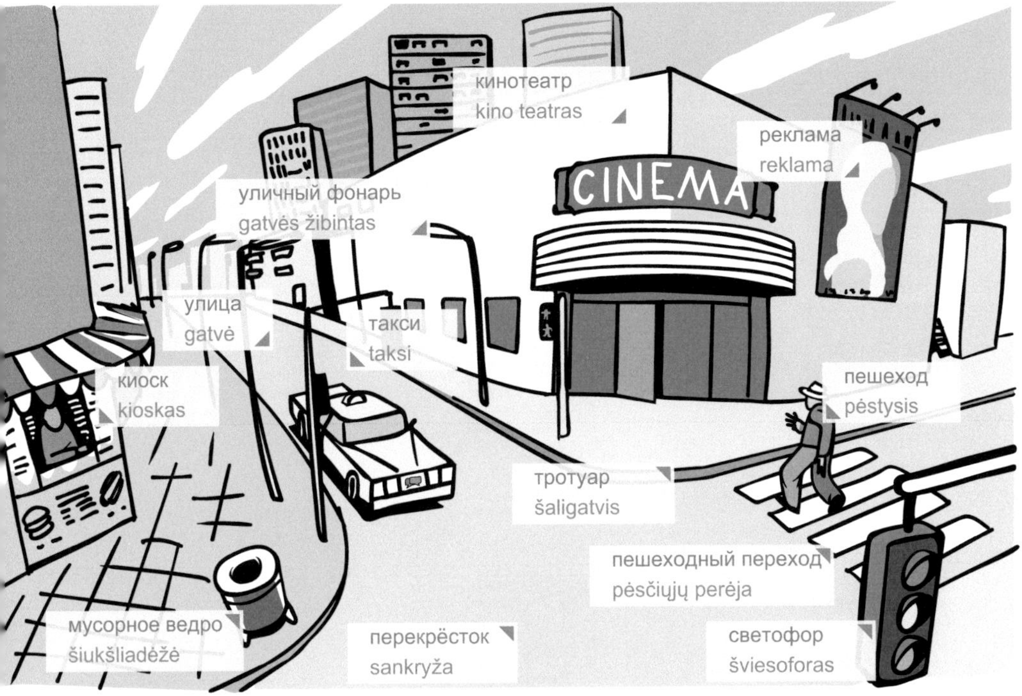

кинотеатр
kino teatras
реклама
reklama
CINEMA
уличный фонарь
gatvės žibintas
улица
gatvė
такси
taksi
киоск
kioskas
пешеход
pėstysis
тротуар
šaligatvis
пешеходный переход
pėsčiųjų perėja
мусорное ведро
šiukšliadėžė
перекрёсток
sankryža
светофор
šviesoforas

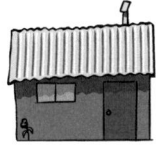

хижина

trobelė

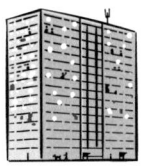

квартира

butas

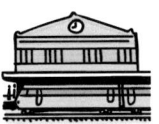

вокзал

traukinių stotis

ратуша

rotušė

MUSEUM

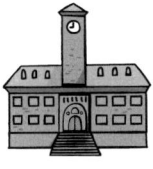

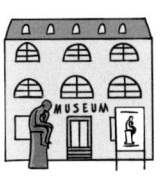

музей

muziejus

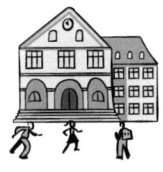

школа

mokykla

университет

universitetas

банк

bankas

больница

ligoninė

гостиница

viešbutis

аптека

vaistinė

офис

biuras

книжный магазин

knygynas

магазин

parduotuvė

цветочный магазин

gėlių parduotuvė

супермаркет

prekybos centras

рынок

turgus

универмаг

universalinė parduotuvė

торговец рыбой

žuvies parduotuvė

торговый центр

prekybos centras

порт

uostas

парк

parkas

скамейка

suoliukas

мост

tiltas

лестница

laiptai

метро

metro

тоннель

tunelis

автобусная остановка

autobusų stotelė

бар

baras

ресторан

restoranas

почтовый ящик

lauko pašto dėžutė

табличка с названием улицы

kelio ženklas

паркометр

parkomatas

зоопарк

zoologijos sodas

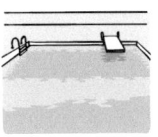

бассейн

baseinas

мечеть

mečetė

ферма

ūkininko ūkis

загрязнение окружающей среды

tarša

кладбище

kapinės

церковь

bažnyčia

детская площадка

žaidimų aikštelė

храм

šventykla

ландшафт

kraštovaizdis

лист
lapas

дорожный указатель
kelio rodyklė

дорога
kelias

луг
pieva

камень
akmuo

дерево
medis

путешественник
ėjikas

река
upė

трава
žolė

цветок
gėlė

долина

slėnis

гора

kalva

озеро

ežeras

лес

miškas

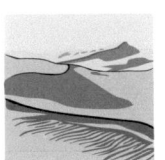

пустыня

dykuma

вулкан

ugnikalnis

замок

pilis

радуга

vaivorykštė

гриб

grybas

пальма

palmė

комар

uodas

муха

musė

муравей

skruzdėlė

пчела

bitė

паук

voras

жук

vabalas

лягушка

varlė

белка

voverė

еж

ežys

заяц

kiškis

сова

pelėda

птица

paukštis

лебедь

gulbė

кабан

šernas

олень

elnias

лось

briedis

плотина

užtvanka

ветряной генератор

vėjo jėgainė

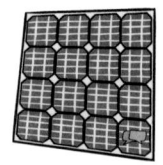

солнечная батарея

saulės baterija

климат

klimatas

ресторан
restoranas

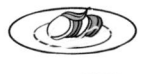

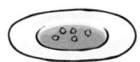

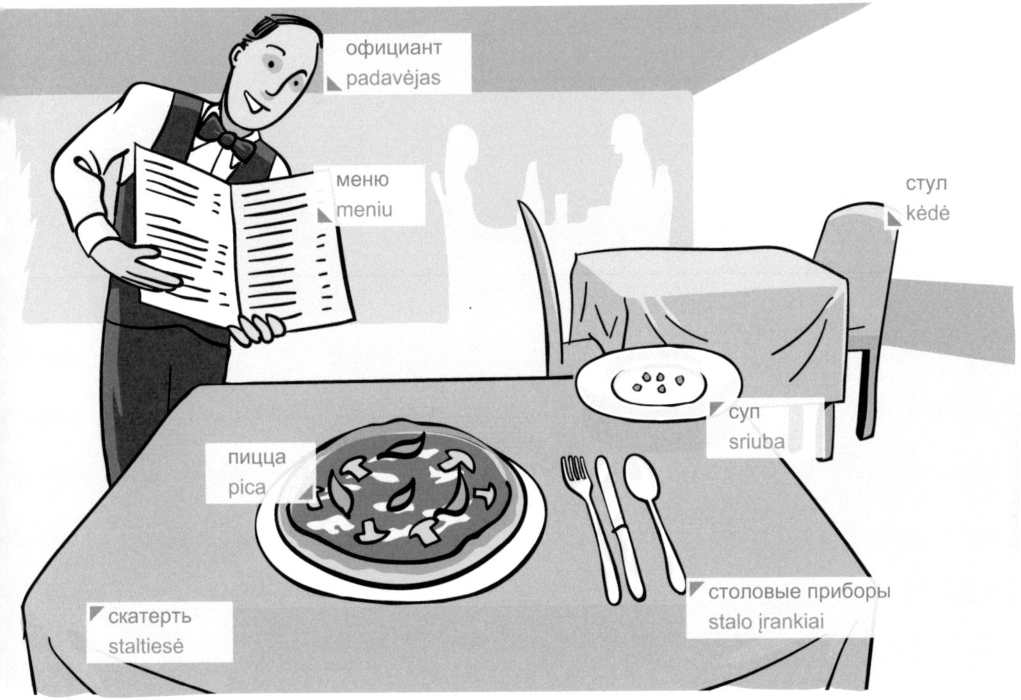

официант
padavėjas
меню
meniu
стул
kėdė
суп
sriuba
пицца
pica
столовые приборы
stalo įrankiai
скатерть
staltiesė

закуска

užkandis

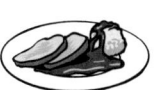

главное блюдо

pagrindinis patiekalas

десерт

desertas

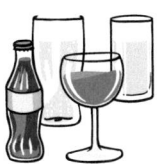

напитки

gėrimai

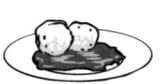

еда

maistas

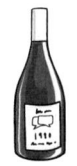

бутылка

butelis

фастфуд

greitai pateikiamas maistas

уличная еда

gatvės maistas

чайник

arbatinukas

сахарница

cukrinė

порция

porcija

кофеварка

espreso aparatas

детский стульчик

aukšta kėdė

счет

sąskaita

поднос

padėklas

нож

peilis

вилка

šakutė

ложка

šaukštas

чайная ложка

arbatinis šaukštelis

салфетка

servetėlė

стакан

stiklinė

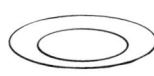

тарелка

lėkštė

суповая тарелка

sriubos lėkštė

блюдце

padėklas

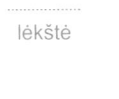

соус

padažas

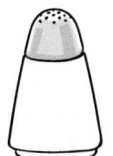

солонка

druskinė

мельница для перца

pipirų malūnėlis

уксус

actas

масло

aliejus

специи

prieskoniai

кетчуп

kečupas

горчица

garstyčios

майонез

majonezas

супермаркет
prekybos centras

специальное предложение
specialus pasiūlymas
FOR
покупатель
pirkėjas
молочные продукты
pieno produktai
фрукты
vaisiai
тележка для покупок
troleibusas

BUTCHERS

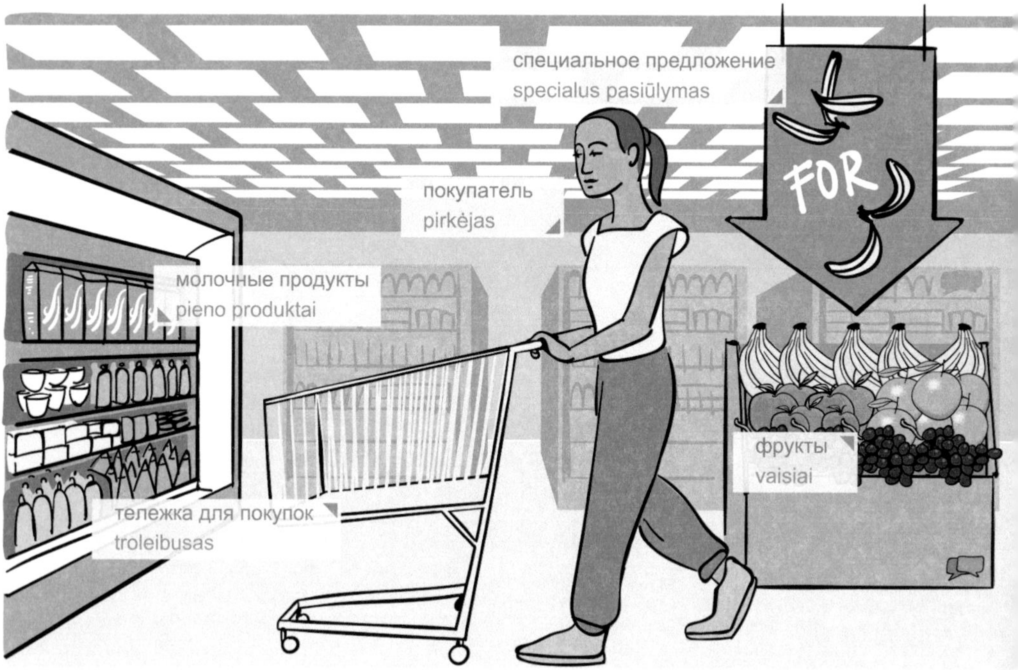

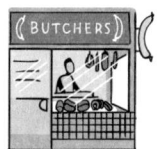

мясной магазин

mėsos parduotuvė

BAKERY

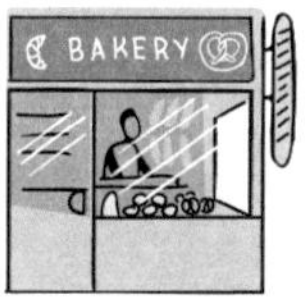

пекарня

kepykla

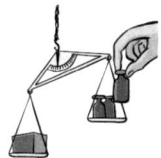

взвешивать

sverti

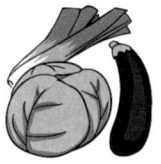

овощи

daržovės

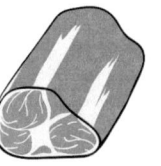

мясо

mėsa

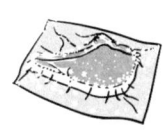

быстрозамороженные продукты

šaldytas maistas

нарезка

šalti mėsos užkandžiai

консервы

konservai

стиральный порошок

skalbimo milteliai

сладости

saldumynai

предмет домашнего обихода

ūkinės prekės

моющее средство

valymo priemonės

продавщица

pardavėja

касса

kasos aparatas

кассир

kasininkas

список покупок

pirkinių sąrašas

время работы

darbo valandos

бумажник

piniginė

кредитная карточка

kreditinė kortelė

сумка

maišelis

полиэтиленовый пакет

plastikinis maišelis

вода

vanduo

сок

sultys

молоко

pienas

кока-кола

kola

вино

vynas

пиво

alus

алкоголь

alkoholis

какао

kakava

чай

arbata

кофе

kava

эспрессо

espresas

капучино

kapučinas

банан

bananas

яблоко

obuolys

апельсин

apelsinas

арбуз

arbūzas

лимон

citrina

морковь

morka

чеснок

česnakas

бамбук

bambukas

лук

svogūnas

гриб

grybas

орехи

riešutai

лапша

makaronai

спагетти

spagečiai

рис

ryžiai

салат

salotos

картофель фри

traškučiai

жареный картофель

keptos bulvės

пицца

pica

гамбургер

mėsainis

сэндвич

sumuštinis

шницель

pjausnys

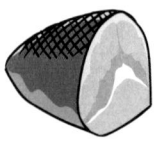

ветчина

kumpis

салями

saliamis

колбаса

dešrelė

курица

vištiena

жаркое

kepsnys

рыба

žuvis

овсяные хлопья

avižų dribsniai

мюсли

dribsniai su priedais

кукурузные хлопья

kukurūzų dribsniai

мука

miltai

круассан

prancūziškasis ragelis

булочка

bandelė

хлеб

duona

тост

skrebutis

печенье

sausainiai

масло

sviestas

творог

varškė

пирог

tortas

яйцо

kiaušinis

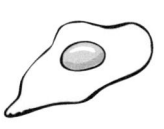

яичница

kiaušinienė

сыр

sūris

мороженое

ledai

сахар

cukrus

мёд

medus

мармелад

uogienė

крем с нугой

tepamas šokoladas

карри

karis

ферма

ūkininko ūkis

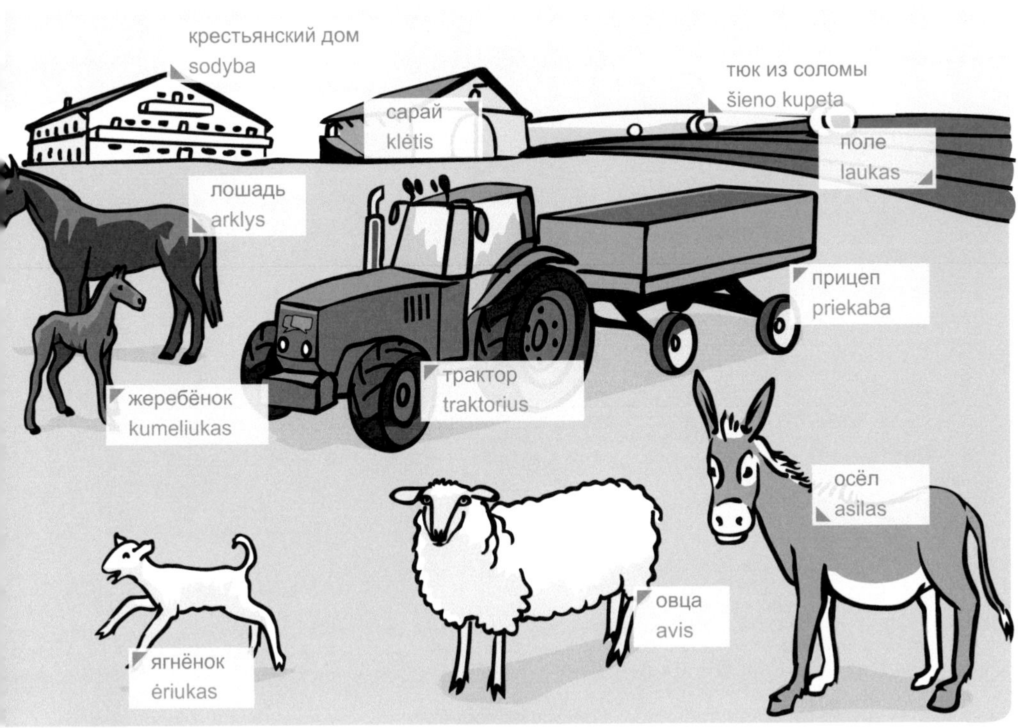

крестьянский дом
sodyba
сарай
klėtis
тюк из соломы
šieno kupeta
поле
laukas
лошадь
arklys
прицеп
priekaba
трактор
traktorius
жеребёнок
kumeliukas
осёл
asilas
овца
avis
ягнёнок
ėriukas

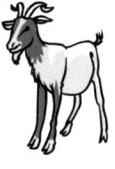

коза

ožys

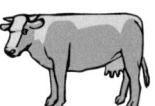

корова

karvė

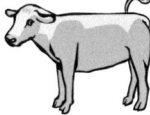

телёнок

veršis

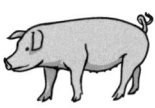

свинья

kiaulė

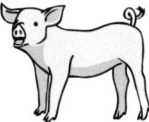

поросёнок

paršelis

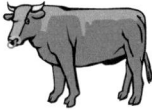

бык

bulius

гусь

žąsis

утка

antis

цыплёнок

viščiukas

курица

višta

петух

gaidys

крыса

žiurkė

кошка

katė

мышь

pelė

вол

jautis

собака

šuo

конура

šuns būda

садовый шланг

sodo namas

лейка

laistytuvas

коса

dalgis

плуг

plūgas

серп

pjautuvas

мотыга

kauptukas

навозные вилы

šakės

топор

kirvis

тачка

statinė

корыто

lovys

бидон для молока

bidonas

мешок

maišas

забор

tvora

хлев

arklidė

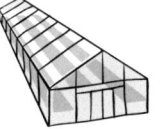

теплица

šiltnamis

почва

dirva

посев

sėkla

удобрение

trąšos

комбайн

kombainas

собирать урожай

rinkti

урожай

derlius

ямс

saldžiosios bulvės

пшеница

kviečiai

соя

soja

картофель

bulvė

кукуруза

kukurūzai

рапс

rapsai

фруктовое дерево

vaismedis

маниок

manijokas

злаки

grūdai

дом

namas

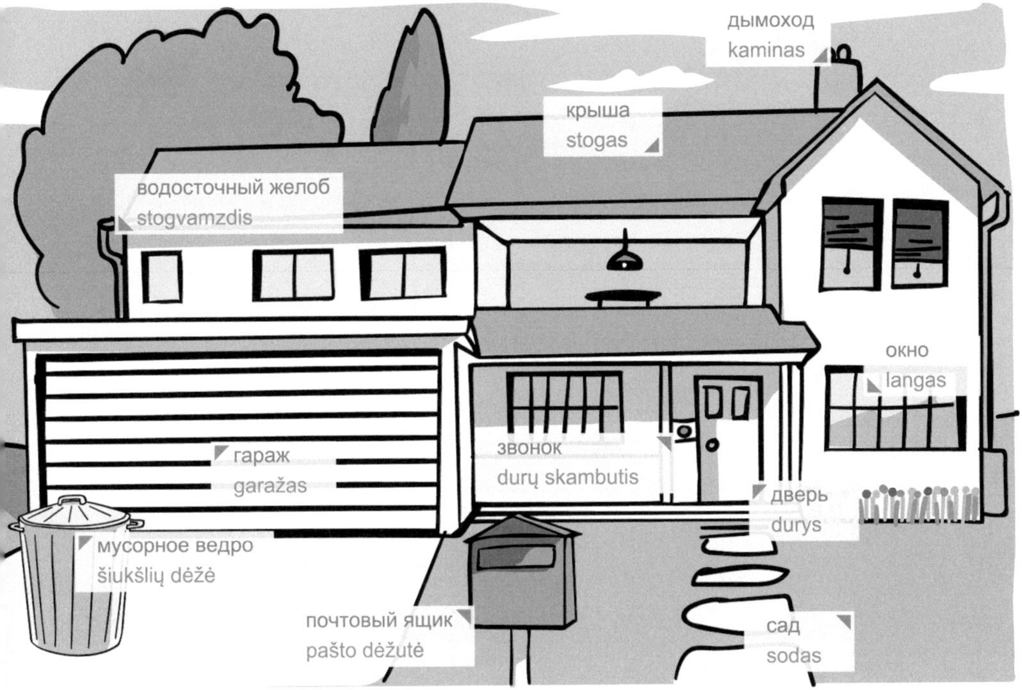

дымоход
kaminas
крыша
stogas
водосточный желоб
stogvamzdis
окно
langas
гараж
garažas
звонок
durų skambutis
дверь
durys
мусорное ведро
šiukšlių dėžė
почтовый ящик
pašto dėžutė
сад
sodas

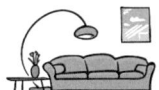

гостиная

svetainė

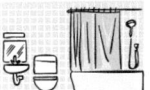

ванная комната

vonios kambarys

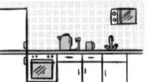

кухня

virtuvė

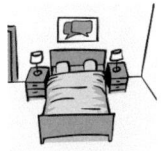

спальня

miegamasis

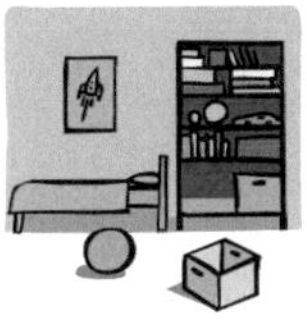

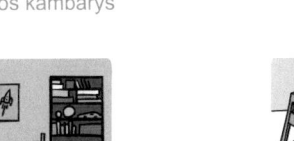

детская комната

vaiko kambarys

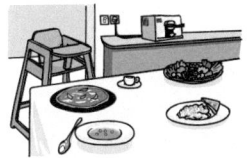

столовая

valgomasis

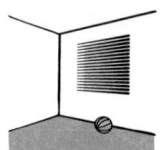

пол

grindys

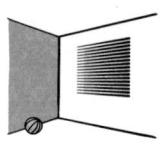

стена

siena

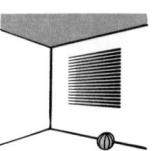

потолок

lubos

подвал

rūsys

сауна

sauna

балкон

balkonas

терраса

terasa

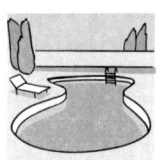

бассейн

baseinas

газонокосилка

žoliapjovė

пододеяльник

paklodė

покрывало

lovatiesė

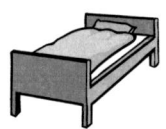

кровать

lova

метла

šluota

ведро

kibiras

выключатель

jungiklis

гостиная
svetainė

обои
tapetai
рисунок
nuotrauka
лампа
šviestuvas
полка
lentyna
шкаф
spintelė
телевизор
televizorius
камин
židinys
цветок
gėlė
подушка
pagalvėlė
диван
sofa
ваза
vaza
пульт дистанционного управления
nuotolinio valdymo pultelis

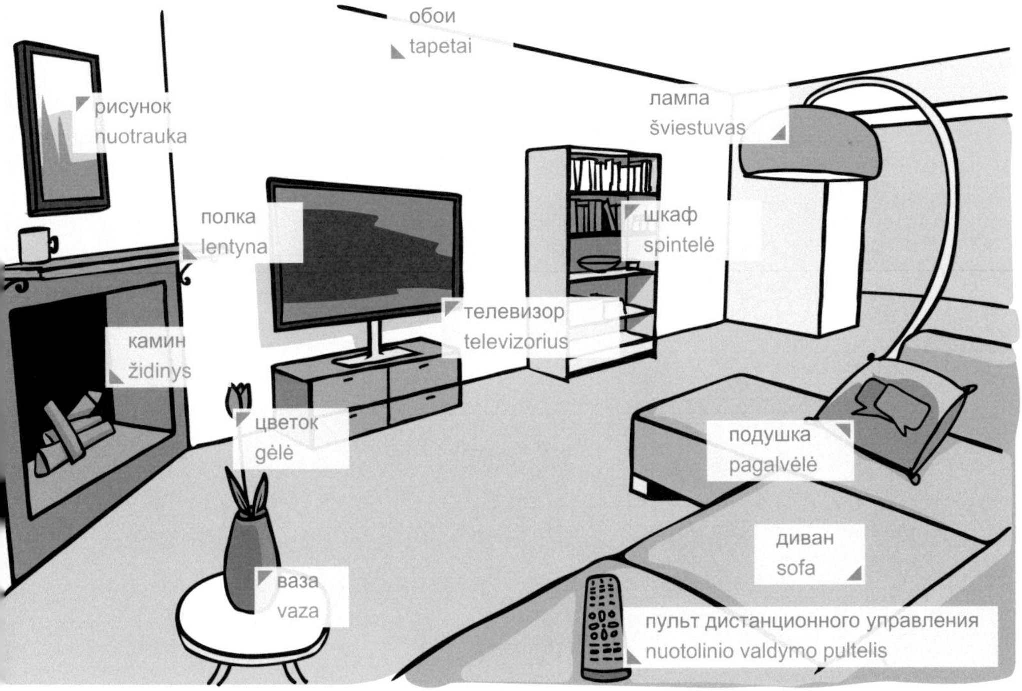

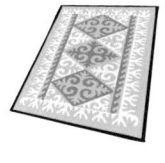

ковёр
kilimas

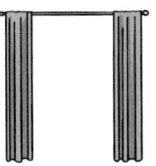

штора
užuolaida

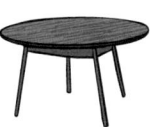

стол
stalas

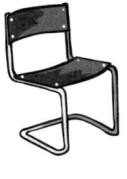

стул
kėdė

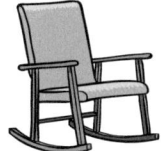

кресло-качалка
supamasis krėslas

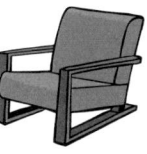

кресло
fotelis

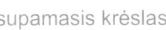

книга

knyga

покрывало

antklodė

украшение

papuošimai

дрова

malkos

фильм

filmas

стереосистема

stereo aparatūra

ключ

raktas

газета

laikraštis

картина

paveikslas

плакат

plakatas

радио

radijas

блокнот

užrašų knygelė

пылесос

dulkių siurblys

кактус

kaktusas

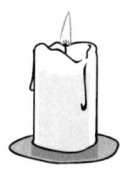

свеча

žvakė

кухня
virtuvė

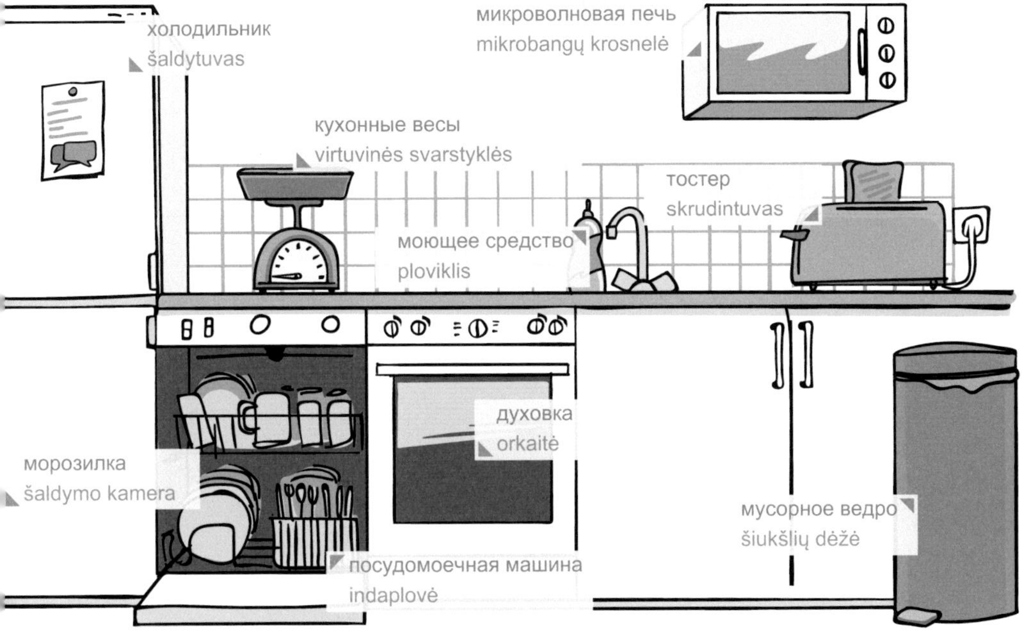
холодильник
šaldytuvas
микроволновая печь
mikrobangų krosnelė
кухонные весы
virtuvinės svarstyklės
тостер
skrudintuvas
моющее средство
ploviklis
духовка
orkaitė
морозилка
šaldymo kamera
мусорное ведро
šiukšlių dėžė
посудомоечная машина
indaplovė

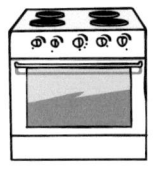

плита

viryklė

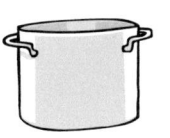

кастрюля

puodas

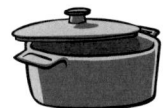

чугунный котелок

ketaus puodas

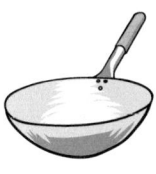

вок / кадай

„wok“ keptuvė

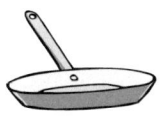

сковорода

keptuvė

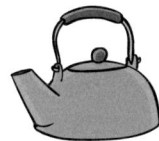

чайник

virdulys

пароварка

garų puodas

противень

kepimo skarda

посуда

porceliano indai

кружка

puodelis

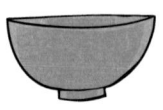

миска

dubuo

палочки для еды

valgomosios lazdelės

половник

samtis

лопатка

mentelė

сбивалка

plaktuvas

сито

koštuvas

сито

sietas

тёрка

trintuvė

ступка

grūstuvė

гриль

kepsninė

костёр

atvira liepsna

доска

pjaustymo lentelė

скалка

kočėlas

штопор

kamščiatraukis

жестяная банка

skardinė

консервный нож

skardinių atidarytuvas

прихватка

puodkėlė

раковина

kriauklė

щетка

šepetys

губка

kempinė

миксер

trintuvas

морозильная камера

šaldiklis

бутылочка для кормления

kūdikių buteliukas

кран

čiaupas

ванная комната
vonios kambarys

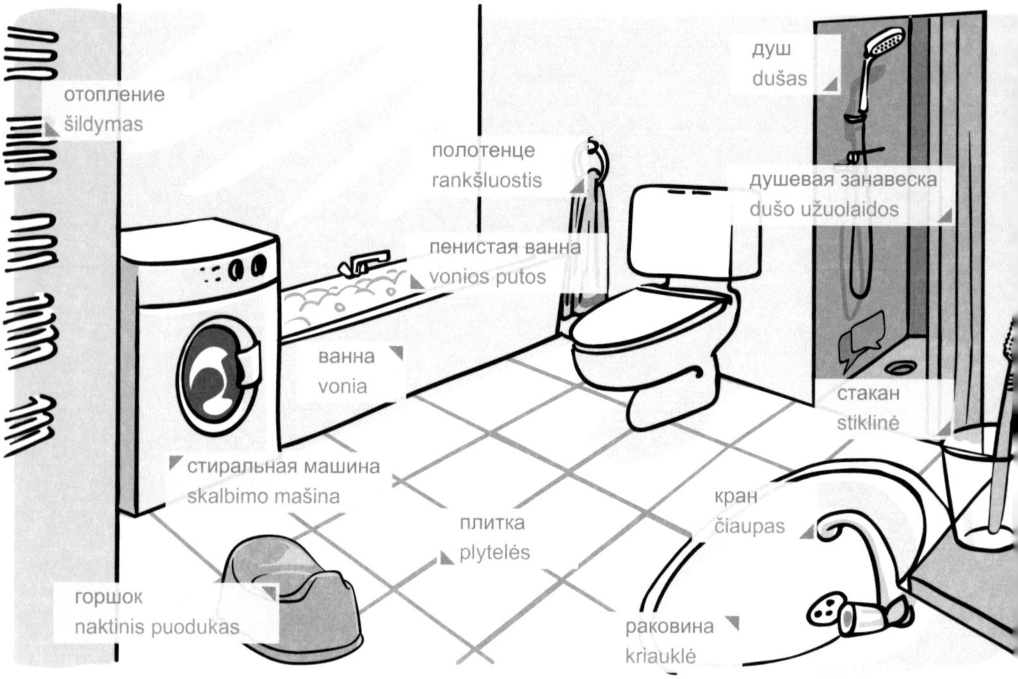

душ
dušas
отопление
šildymas
полотенце
rankšluostis
душевая занавеска
dušo užuolaidos
пенистая ванна
vonios putos
ванна
vonia
стакан
stiklinė
стиральная машина
skalbimo mašina
кран
čiaupas
плитка
plytelės
горшок
naktinis puodukas
раковина
kriauklė

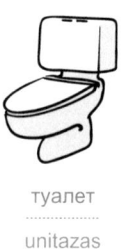

туалет

unitazas

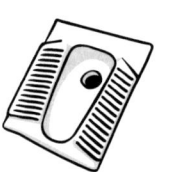

напольный унитаз

tupimasis unitazas

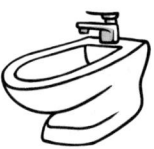

биде

bidė

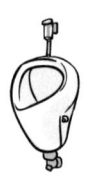

писсуар

pisuaras

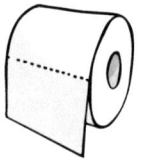

туалетная бумага

tualetinis popierius

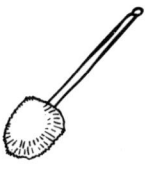

ершик

unitazo šepetys

зубная щетка

dantų šepetėlis

зубная паста

dantų pasta

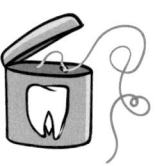

зубная нить

dantų siūlas

мыть

plauti

ручной душ

dušo galvutė

интимный душ

higieninis dušas

таз

praustuvas

щетка для спины

nugaros plaušinė

мыло

muilas

гель для душа

dušo želė

шампунь

šampūnas

мочалка

plaušinė

сток

kanalizacija

крем

kremas

дезодорант

dezodorantas

зеркало

veidrodis

ручное зеркало

veidrodėlis

бритва

skustuvas

пена для бритья

skutimosi putos

лосьон после бритья

losjonas po skutimosi

расческа

šukos

щетка

šepetys

фен

plaukų džiovintuvas

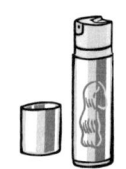

лак для волос

plaukų lakas

косметика

makiažas

губная помада

lūpdažis

лак для ногтей

nagų lakas

вата

vata

маникюрные ножницы

žirklutės nagams

духи

kvepalai

косметичка

maišelis skalbiniams

табуретка

taburetė

весы

svarstyklės

халат

chalatas

резиновые перчатки

guminės pirštinės

тампон

tamponas

игиеническая прокладка

higieninis įklotas

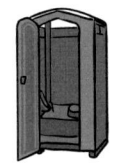

биотуалет

biotualetas

детская комната
vaiko kambarys

будильник
žadintuvas
мягкая игрушка
pliušinis žaislas
игрушечный автомобиль
žaislinė mašinėlė
погремушка
barškutis
кукольный домик
lėlės namelis
подарок
dovana

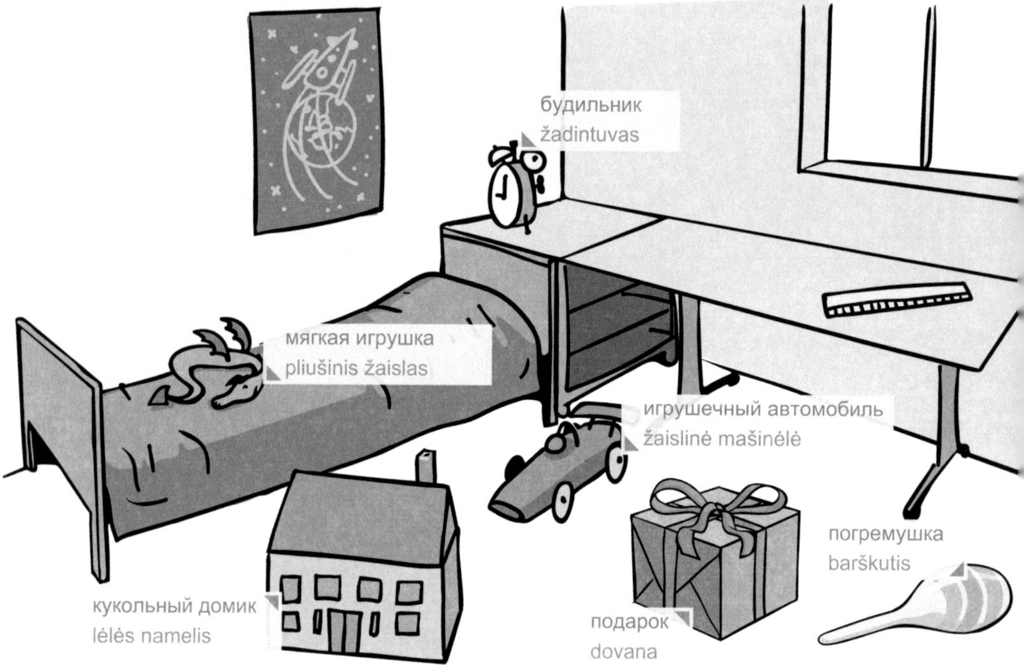

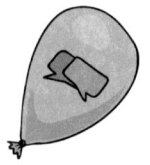

воздушный шар

balionas

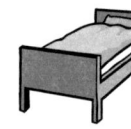

кровать

lova

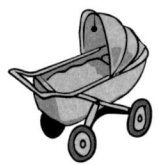

детская коляска

vaikiškas vežimėlis

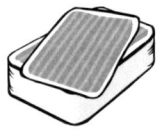

карточная игра

kortų malka

пазл

delionė

SUPER
MEGA

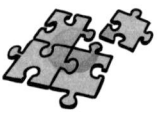

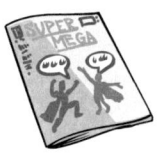

комикс

komiksai

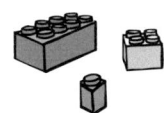

кирпичики Лего

lego kaladėlės

кубики

žaislinės kaladėlės

игрушечная фигурка

figūrėlė

ползунки

šliaužtinukai

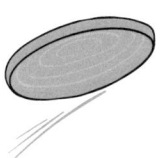

фрисби

mėtymo lėkštė

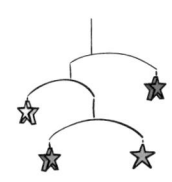

мобиле

karuselė

настольная игра

stalo žaidimas

кубик

kauliukai

модель железной дороги

žaislinis traukinys

соска

žindukas

вечеринка

vakarėlis

книга с картинками

paveiksliukų knygelė

мяч

kamuolys

кукла

lėlė

играть

žaisti

песочница

smėlio dėžė

качели

sūpynės

игрушка

žaislai

игровая приставка

žaidimų konsolė

трёхколесный велосипед

triratukas

плюшевый медвежонок

meškiukas

шкаф для одежды

drabužių spinta

одежда
drabužis

носки

kojinės

чулки

kojinės virš kelių

колготки

pėdkelnės

шарф
šalikas

зонтик
skėtis

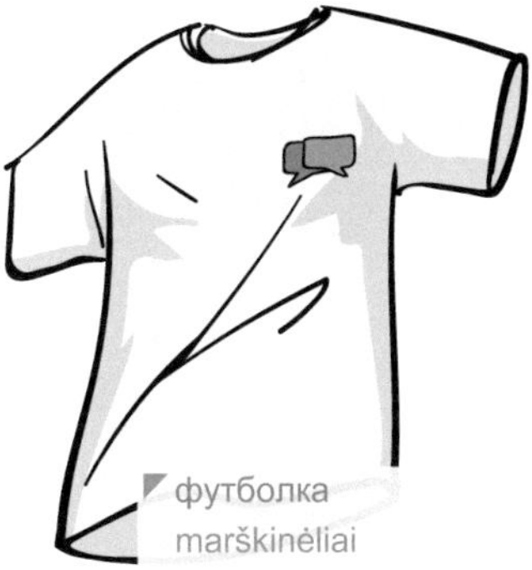

футболка
marškinėliai

ремень
diržas

сапоги
ilgaauliai batai

тапки
šlepetės

кроссовки
sportbačiai

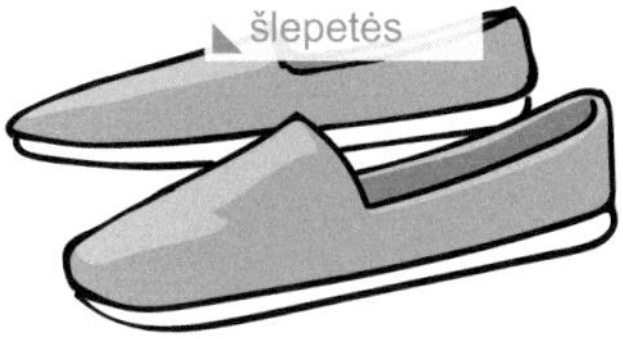

сандалии
sandalai

ботинки
batai

резиновые сапоги
guminiai batai

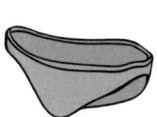

трусы
trumpikės

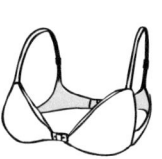

бюстгальтер
liemenėlė

майка
liemenė

боди

glaustinukė

брюки

kelnės

джинсы

džinsai

юбка

sijonas

блузка

palaidinė

рубашка

marškiniai

свитер

megztinis

свитер

megztinis su gobtuvu

спортивная куртка

švarkelis

жакет

švarkas

пальто

paltas

плащ

lietpaltis

костюм

kostiumas

платье

suknelė

свадебное платье

vestuvinė suknelė

мужской костюм

kostiumas

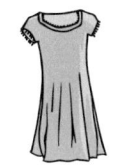

ночная сорочка

naktiniai marškiniai

пижама

pižama

сари

saris

платок

skarelė

тюрбан

tiurbanas

паранджа

burka

кафтан

kaftanas

абайя

abaja

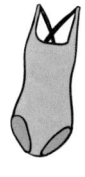

купальник

maudymosi kostiumėlis

плавки

glaudės

шорты

šortai

спортивный костюм

sportinis kostiumas

фартук

prijuostė

перчатки

pirštinės

пуговица

saga

очки

akiniai

браслет

apyrankė

цепочка

vėrinys

кольцо

žiedas

серьга

auskaras

шапка

kepurė

вешалка

pakabas

шляпа

skrybėlė

галстук

kaklaraištis

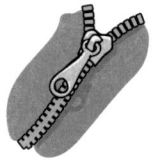

застежка молния

užtrauktukas

шлем

šalmas

подтяжки

breketai

школьная форма

mokyklinė uniforma

форма

uniforma

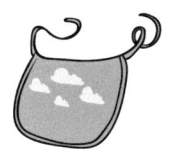

детский нагрудник

seilinukas

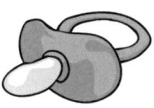

соска

žindukas

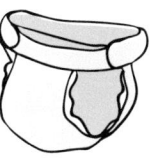

подгузник

vystyklai

офис

biuras

сервер
serveris
канцелярский шкаф
dokumentų spinta
принтер
spausdintuvas
бумага
popierius
монитор
vaizduoklis
мышь
pelė
письменный стол
rašomasis stalas
папка
aplankas
клавиатура
klaviatūra
корзина для бумаг
šiukšliadėžė
компьютер
kompiuteris
стул
kėdė

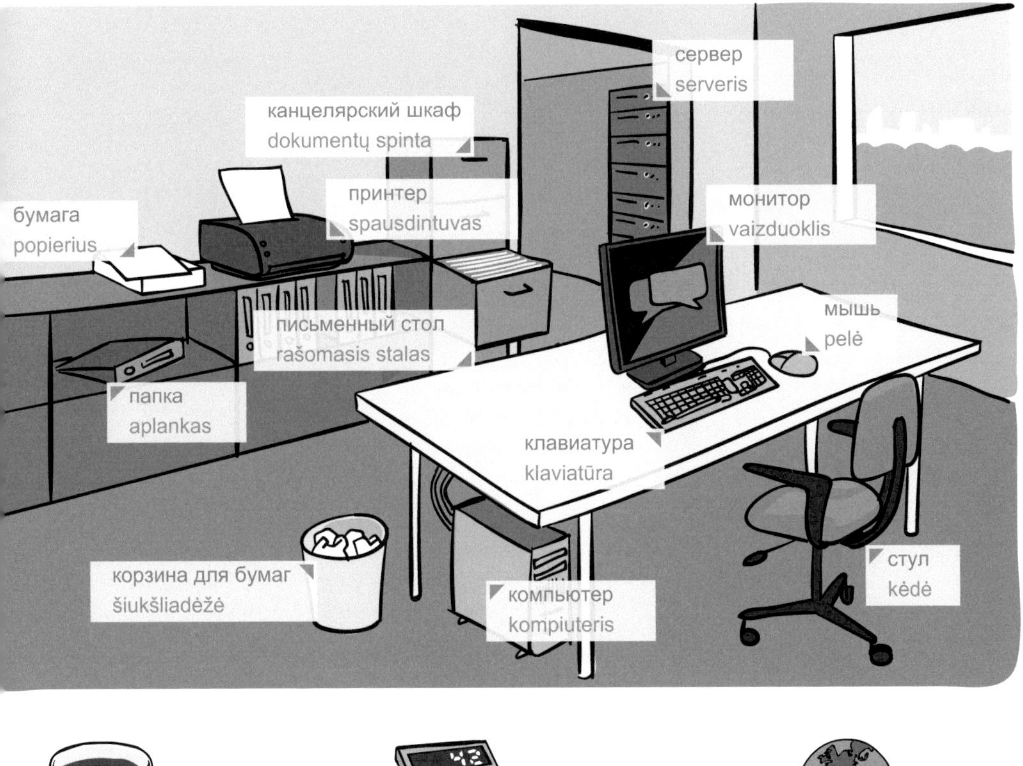

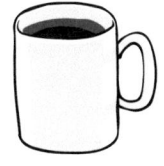

кофейная кружка

kavos puodelis

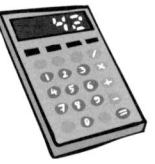

калькулятор

kalkuliatorius

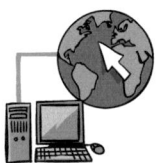

интернет

internetas

ноутбук

nešiojamasis kompiuteris

письмо

laiškas

сообщение

žinutė

мобильный телефон

mobilusis telefonas

сеть

tinklas

ксерокс

fotokopijavimo aparatas

программа

programinė įranga

телефон

telefonas

розетка

kištukinis lizdas

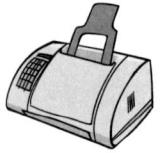

факс

faksas

формуляр

forma

документ

dokumentas

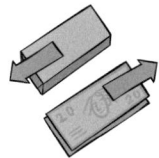

покупать

pirkti

платить

mokėti

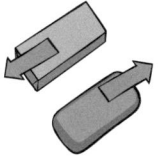

торговать

prekiauti

деньги

pinigai

доллар

doleris

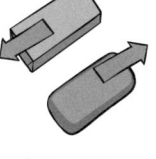

евро

euras

иена

jena

рубль

rublis

франк

Šveicarijos frankas

жэньминьби юань

juanis

рупия

rupija

банкомат

bankomatas

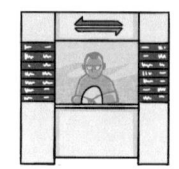

пункт обмена валюты

valiutos keitykla

золото

auksas

серебро

sidabras

нефть

nafta

энергия

energija

цена

kaina

договор

sutartis

налог

mokestis

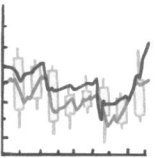

акция

akcijos

работать

dirbti

служащий

darbuotojas

работодатель

darbdavys

фабрика

gamykla

магазин

parduotuvė

профессии
profesijos

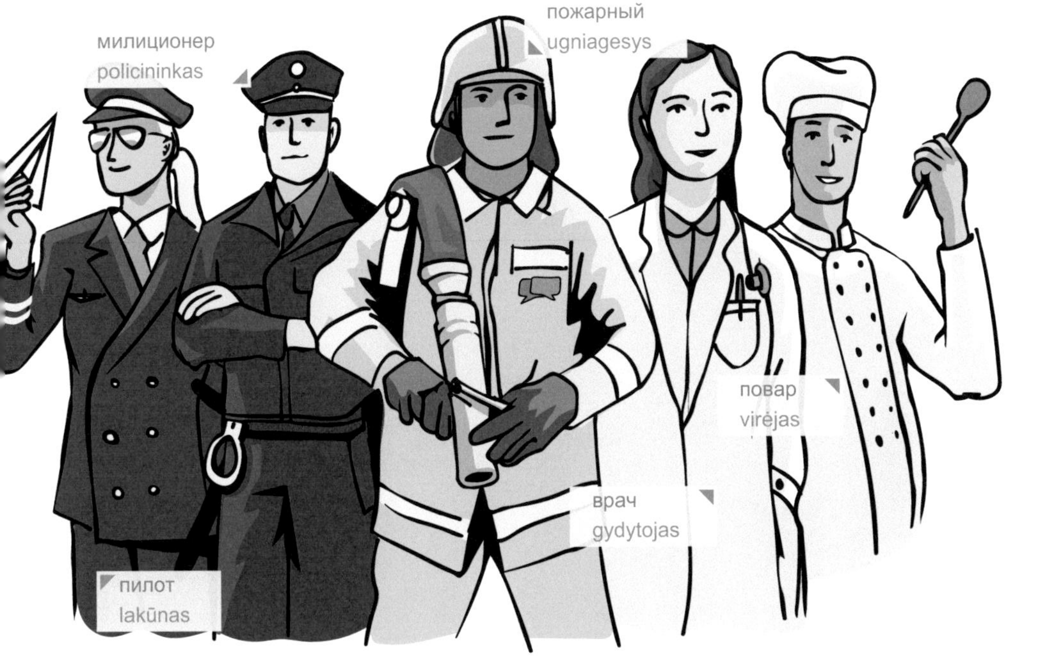

милиционер
policininkas
пожарный
ugniagesys
повар
virėjas
врач
gydytojas
пилот
lakūnas

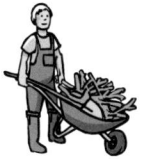

садовник

sodininkas

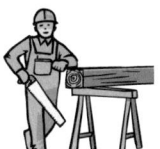

столяр

stalius

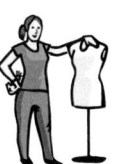

швея

siuvėja

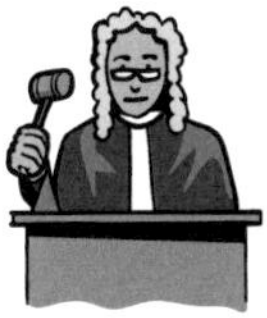

судья

teisėjas

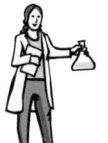

химик

chemikas

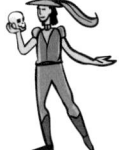

актёр

aktorius

водитель автобуса

autobuso vairuotojas

таксист

taksi vairuotojas

рыбак

žvejys

уборщица

valytoja

кровельщик

stogdengys

официант

padavėjas

охотник

medžiotojas

художник

dailininkas

пекарь

kepėjas

электрик

elektrikas

строитель

statybininkas

инженер

inžinierius

мясник

mėsininkas

сантехник

santechnikas

почтальон

paštininkas

солдат

kareivis

архитектор

architektas

кассир

kasininkas

флорист

gėlininkas

парикмахер

kirpėjas

кондуктор

konduktorius

механик

mechanikas

капитан

kapitonas

зубной врач

odontologas

ученый

mokslininkas

раввин

rabinas

имам

imamas

монах

vienuolis

священник

kunigas

инструменты
įrankiai

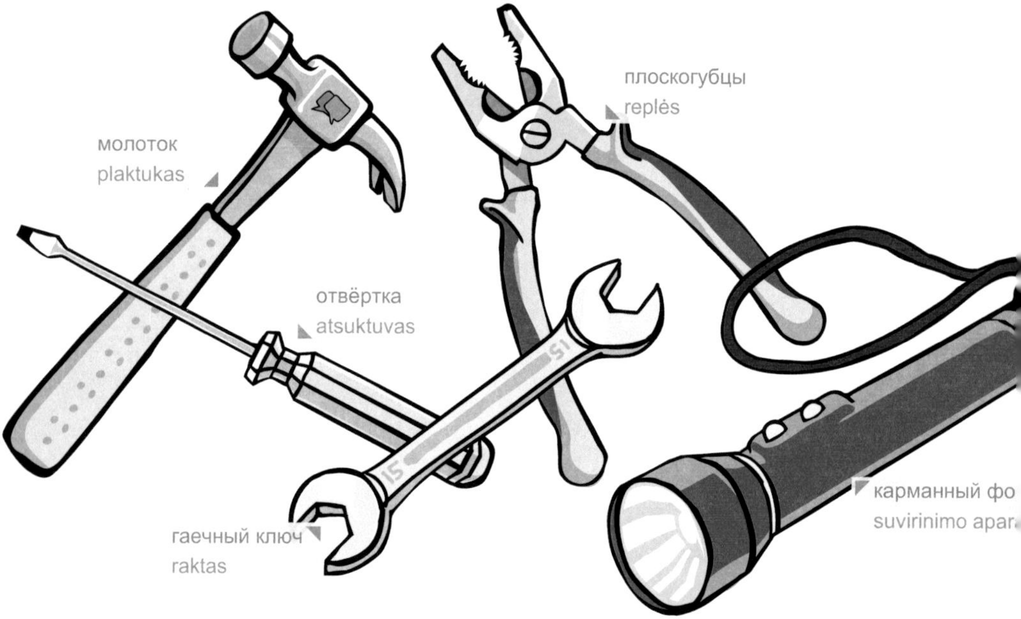

плоскогубцы
replės
молоток
plaktukas
отвёртка
atsuktuvas
гаечный ключ
raktas
карманный фо
suvirinimo apar

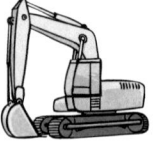

экскаватор

ekskavatorius

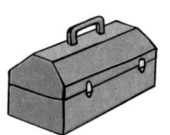

ящик для инструментов

įrankių dėžė

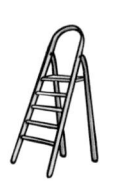

стремянка

kopėčios

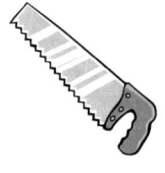

пила

pjūklas

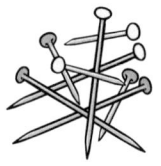

гвозди

vinys

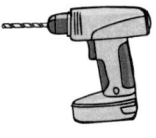

дрель

grąžtas

ремонтировать

taisyti

лопата

kastuvas

Блин!

Velniava!

совок

semtuvėlis

ведро с краской

dažų skardinė

винты

varžtai

музыкальные инструменты
muzikos instrumentai

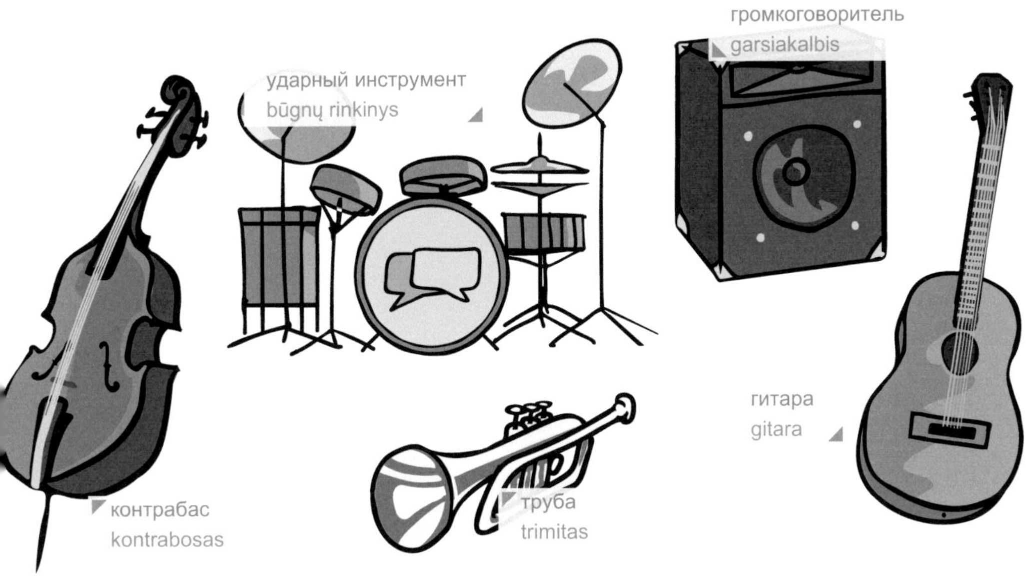

громкоговоритель
garsiakalbis

ударный инструмент
būgnų rinkinys

гитара
gitara

контрабас
kontrabosas

труба
trimitas

пианино

pianinas

скрипка

smuikas

бас-гитара

bosinė gitara

литавры

timpanas

барабан

būgnai

синтезатор

sintezatorius

саксофон

saksofonas

флейта

fleita

микрофон

mikrofonas

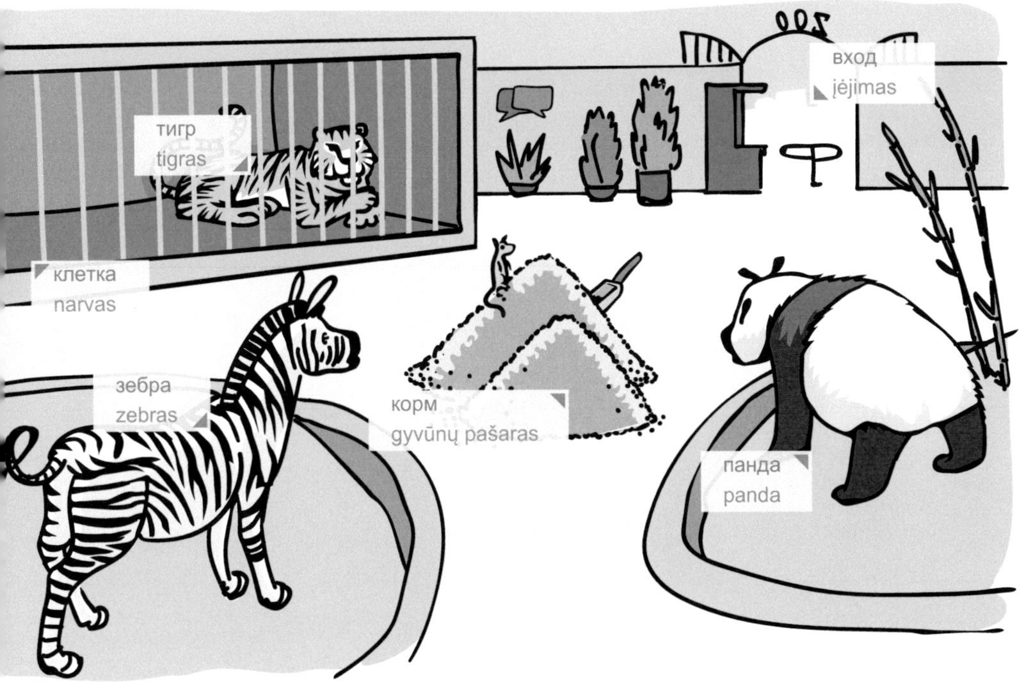

вход
įėjimas

тигр
tigras

клетка
narvas

зебра
zebras

корм
gyvūnų pašaras

панда
panda

животные

gyvūnai

слон

dramblys

кенгуру

kengūra

носорог

raganosis

горилла

gorila

медведь

meška

верблюд

kupranugaris

страус

strutis

лев

liūtas

обезьяна

beždžionė

фламинго

flamingas

попугай

papūga

белый медведь

baltoji meška

пингвин

pingvinas

акула

ryklys

павлин

povas

змея

gyvatė

крокодил

krokodilas

служитель зоопарка

zoologijos sodo prižiūrėtojas

тюлень

ruonis

ягуар

jaguaras

зоопарк - zoologijos sodas

пони

ponis

леопард

leopardas

бегемот

begemotas

жираф

žirafa

орёл

erelis

кабан

šernas

рыба

žuvis

черепаха

vėžlys

морж

vėplys

лиса

lapė

газель

gazelė

американский футбол
amerikietiškas futbolas

езда на велосипеде
dviračių sportas

теннис
tenisas

баскетбол
krepšinis

плавание
plaukimas

бокс
boksas

хоккей
ledo ritulys

футбол
futbolas

бадминтон
badmintonas

лёгкая атлетика
atletika

гандбол
rankinis

лыжный спорт
slidinėjimas

поло
polas

прыгать
šokinėti

смеяться
juoktis

обнимать
apkabinti

идти
vaikščioti

петь
dainuoti

мечтать
svajoti

молиться
melstis

целовать
bučiuoti

писать

rašyti

рисовать

piešti

показывать

rodyti

нажимать

stumti

давать

duoti

брать

imti

иметь
turėti

делать
daryti

быть
būti

стоять
stovėti

бежать
bėgti

тянуть
traukti

бросать
mesti

падать
kristi

лежать
meluoti

ждать
laukti

носить
nešti

сидеть
sėdėti

надевать
rengtis

спать
miegoti

просыпаться
pabusti

рассматривать

žiūrėti

плакать

verkti

гладить

glostyti

причесывать

šukuoti

говорить

kalbėti

понимать

suprasti

спрашивать

paklausti

слушать

klausytis

пить

gerti

кушать

valgyti

наводить порядок

tvarkytis

любить

mylėti

готовить

gaminti

ехать

vairuoti

летать

skristi

ходить под парусом

buriuoti

считать

skaičiuoti

читать

skaityti

учиться

mokytis

работать

dirbti

вступать в брак

vesti

шить

siūti

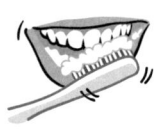

чистить зубы

valytis dantis

убивать

žudyti

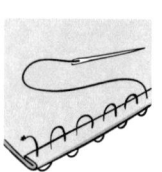

курить

rūkyti

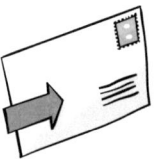

отправлять

siųsti

семья
šeima

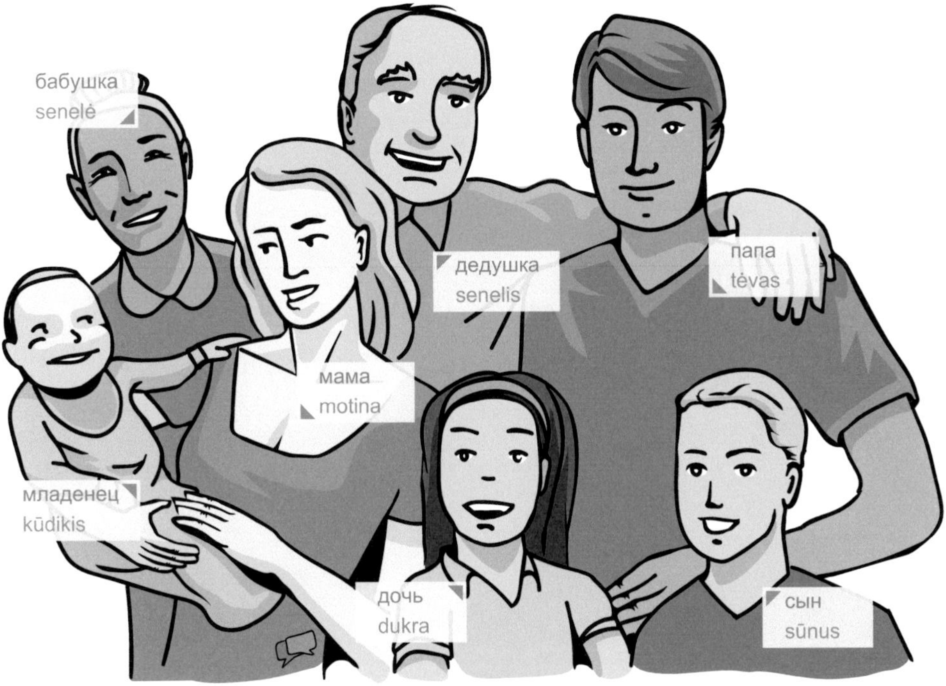

бабушка
senelė
дедушка
senelis
папа
tėvas
мама
motina
младенец
kūdikis
дочь
dukra
сын
sūnus

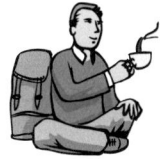

гость

svečias

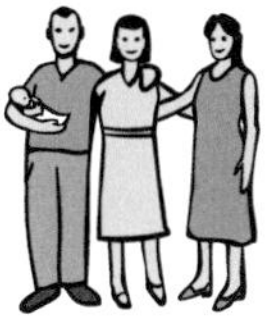

тетя

teta

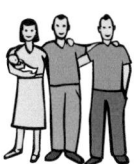

дядя

dėdė

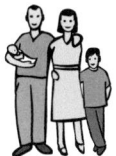

брат

brolis

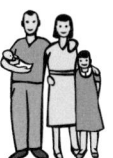

сестра

sesuo

тело

kūnas

лоб
kakta
глаз
akis
плечо
petys
палец
pirštas
лицо
veidas
подбородок
smakras
кисть
plaštaka
грудь
krūtinė
нога
koja
рука
ranka

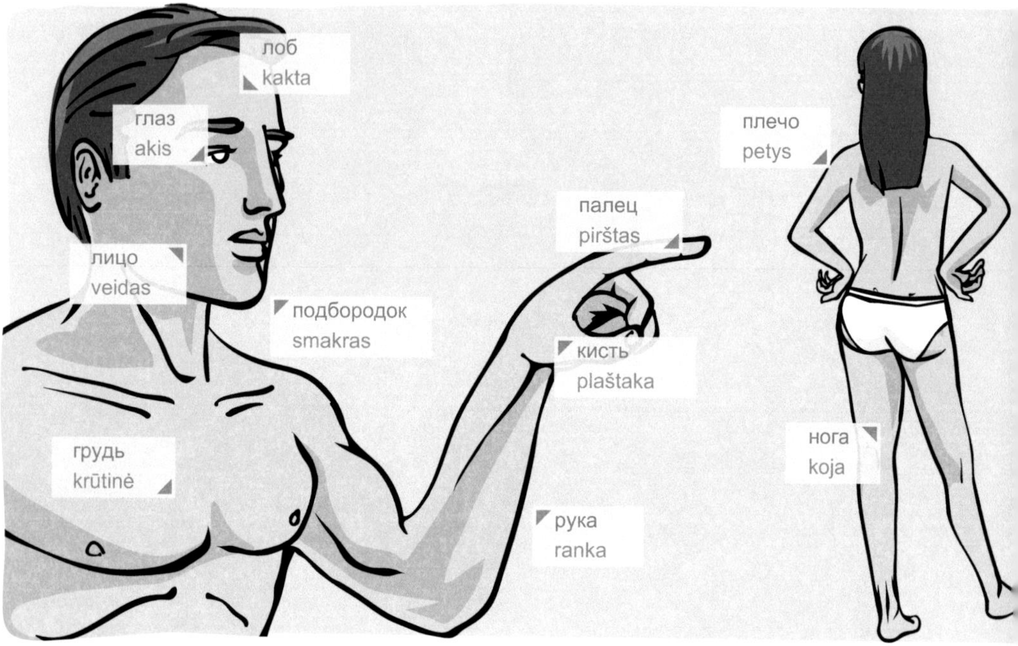

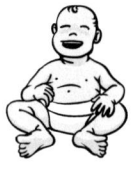

младенец

kūdikis

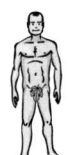

мужчина

vyras

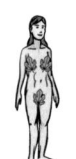

женщина

moteris

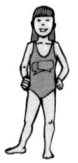

девочка

mergaitė

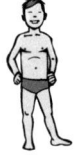

мальчик

berniukas

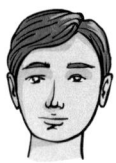

голова

galva

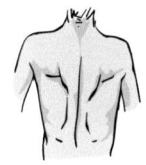

спина

nugara

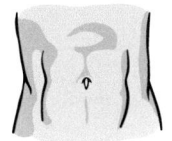

живот

pilvas

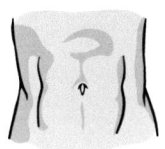

пупок

bamba

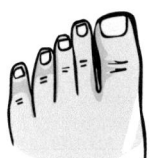

палец ноги

kojos pirštas

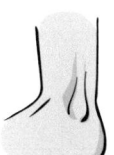

пятка

kulnas

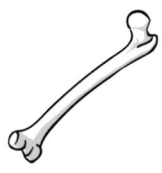

кость

kaulas

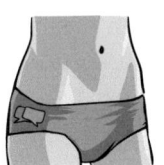

бедро

klubas

колено

kelis

локоть

alkūnė

нос

nosis

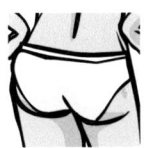

ягодицы

sėdmenys

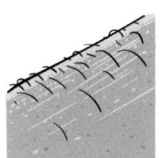

кожа

oda

щека

skruostas

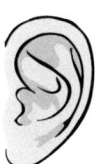

ухо

ausis

губа

lūpa

тело - kūnas

рот

burna

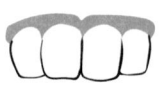

зуб

dantis

язык

liežuvis

мозг

smegenys

сердце

širdis

мышца

raumuo

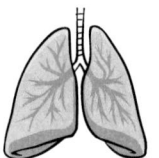

лёгкое

plaučiai

печень

kepenys

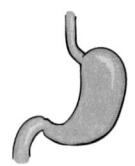

желудок

skrandis

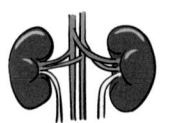

почки

inkstai

половой акт

seksas

презерватив

prezervatyvas

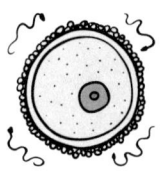

яйцеклетка

kiaušialąstė

сперма

sperma

беременность

nėštumas

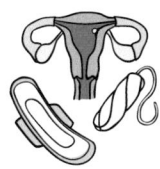

менструация

menstruacijos

вагина

makštis

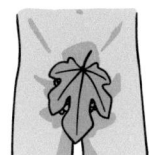

пенис

varpa

бровь

antakis

волосы

plaukai

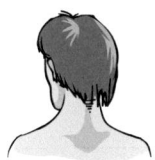

шея

kaklas

больница
ligoninė

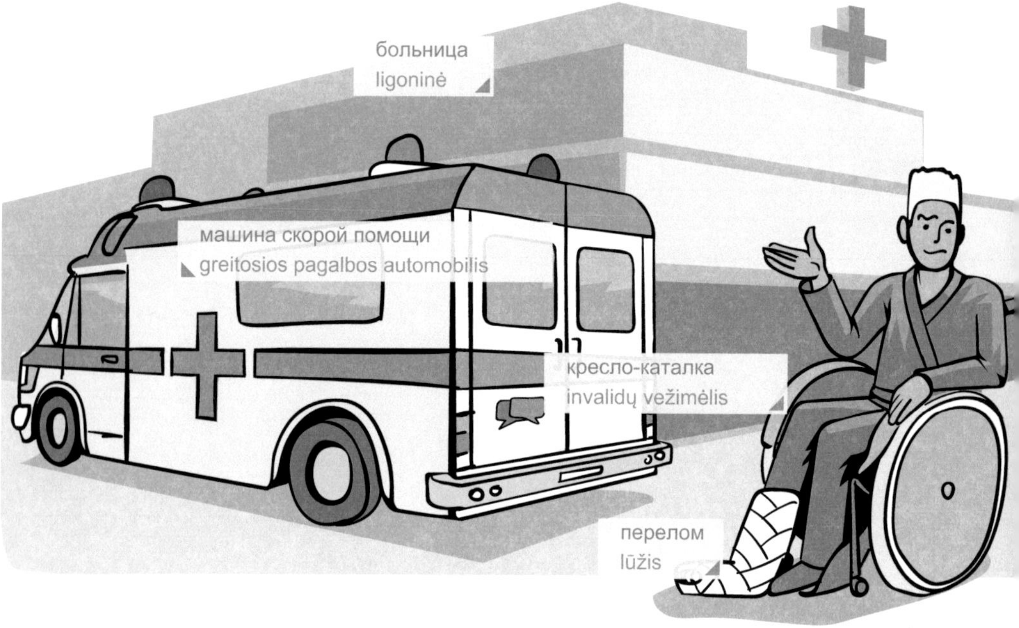

больница
ligoninė
машина скорой помощи
greitosios pagalbos automobilis
кресло-каталка
invalidų vežimėlis
перелом
lūžis

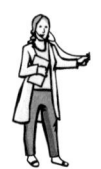

врач

gydytojas

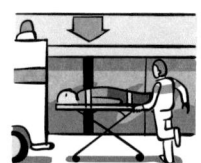

пункт первой помощи

skubios pagalbos skyrius

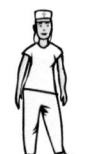

медсестра

slaugytoja

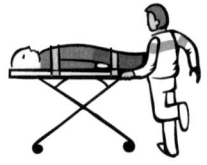

неотложный случай

nelaimingas atsitikimas

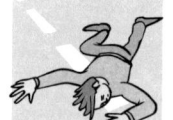

без сознания

be sąmonės

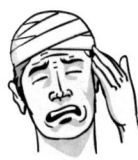

боль

skausmas

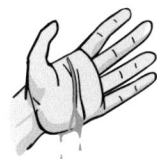

повреждение

sužalojimas

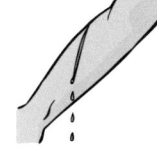

кровотечение

kraujavimas

инфаркт

širdies smūgis

инсульт

insultas

аллергия

alergija

кашель

kosulys

овышенная температура

karščiavimas

грипп

gripas

понос

viduriavimas

головная боль

galvos skausmas

рак

vėžys

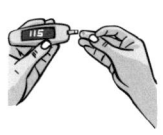

диабет

diabetas

хирург

chirurgas

скальпель

skalpelis

операция

operacija

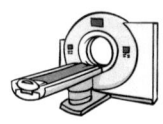

КТ
KT

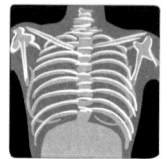

рентген
rentgenas

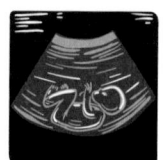

ультразвук
ultragarsas

маска
veido kaukė

болезнь
liga

приёмная
laukiamasis

костыль
ramentas

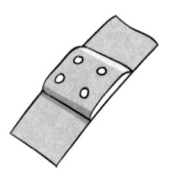

пластырь
gipsas

бинт
tvarstis

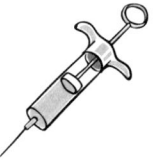

укол
injekcija

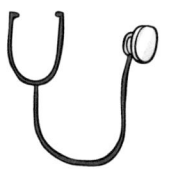

стетоскоп
stetoskopas

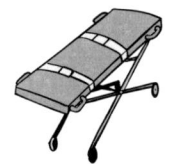

носилки
neštuvai

термометр
termometras

рождение
gimimas

избыточный вес
antsvoris

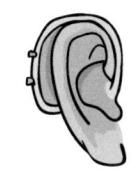

слуховой аппарат

klausos aparatas

дезинфекционное средство

dezinfekavimo priemonė

инфекция

infekcija

вирус

virusas

ВИЧ / СПИД

ŽIV / AIDS

лекарство

vaistas

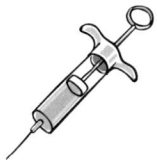

прививка

skiepijimas

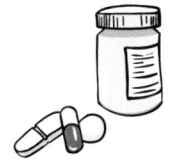

таблетки

tabletės

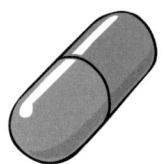

противозачаточная таблетка

piliulė

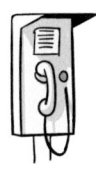

экстренный вызов

skubios pagalbos numeris

прибор для измерения кровяного давления

kraujospūdžio matuoklis

больной / здоровый

ligotas / sveikas

Помогите!

Padėkite!

сигнал тревоги

pavojaus signalas

нападение

užpuolimas

атака

ataka

опасность

pavojus

запасной выход

avarinis išėjimas

Пожар!

Gaisras!

огнетушитель

gesintuvas

несчастный случай

nelaimingas atsitikimas

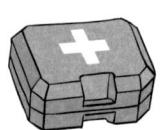

аптечка

pirmosios pagalbos rinkinys

SOS

SOS

милиция

policija

Европа

Europa

Северная Америка

Šiaurės Amerika

Южная Америка

Pietų Amerika

Африка

Afrika

Азия

Azija

Австралия

Australija

Атлантический океан

Atlanto vandenynas

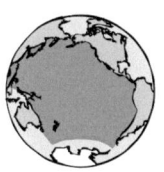

Тихий океан

Ramusis vandenynas

Индийский океан

Indijos vandenynas

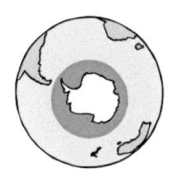

Антарктический океан

Pietų vandenynas

Северный Ледовитый океан

Arkties vandenynas

Северный полюс

Šiaurės ašigalis

Южный полюс

Pietų ašigalis

Антарктика

Antarktida

земля

Žemė

суша

sausuma

море

jūra

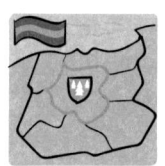

остров

sala

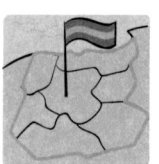

нация

tauta

государство

valstybė

циферблат

ciferblatas

часовая стрелка

valandinė rodyklė

минутная стрелка

minutinė rodyklė

секундная стрелка

sekundinė rodyklė

Который час?

Kiek valandų?

день

diena

время

laikas

сейчас

dabar

электронные часы

skaitmeninis laikrodis

минута

minutė

час

valanda

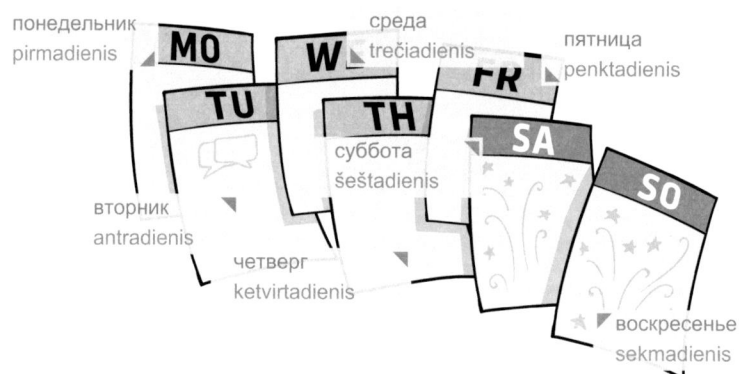

понедельник
pirmadienis

вторник
antradienis

среда
trečiadienis

четверг
ketvirtadienis

пятница
penktadienis

суббота
šeštadienis

воскресенье
sekmadienis

вчера

vakar

сегодня

šiandien

завтра

rytoj

утро

rytas

полдень

vidurdienis

вечер

vakaras

MO	TU	WE	TH	FR	SA	SU
1	2	3	4	5	6	7
8	9	10	11	12	13	14
15	16	17	18	19	20	21
22	23	24	25	26	27	28
29	30	31	1	2	3	4

рабочие дни

darbo dienos

MO	TU	WE	TH	FR	SA	SU
1	2	3	4	5	6	7
8	9	10	11	12	13	14
15	16	17	18	19	20	21
22	23	24	25	26	27	28
29	30	31	1	2	3	4

выходные

savaitgalis

дождь
lietus

радуга
vaivorykštė

снег
sniegas

ветер
vėjas

весна
pavasaris

осень
ruduo

лето
vasara

зима
žiema

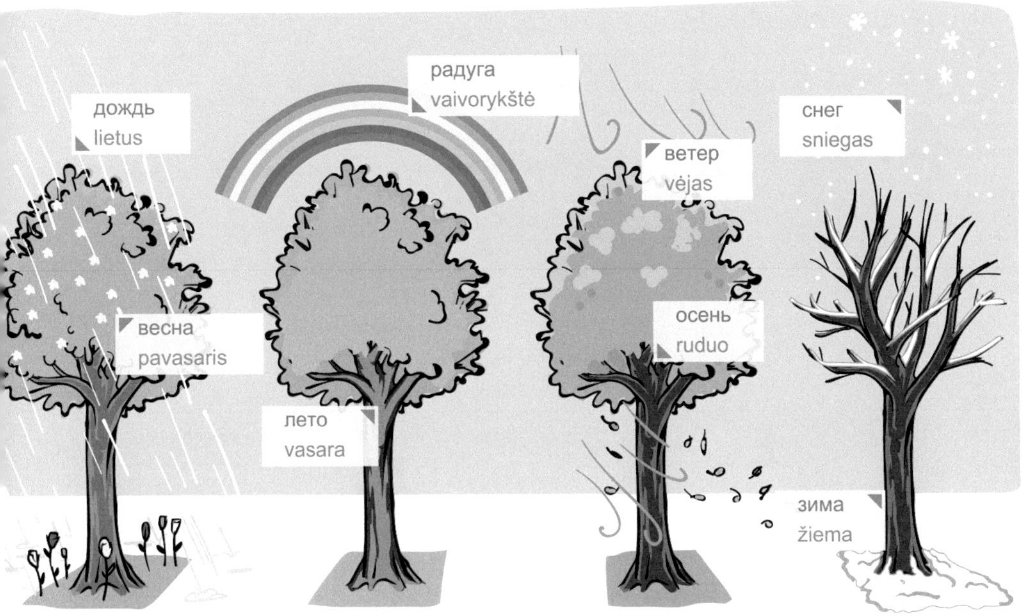

прогноз погоды

orų prognozė

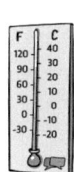

термометр

lauko termometras

солнечный свет

saulės šviesa

туча

debesis

туман

rūkas

влажность воздуха

drėgmė

молния

žaibas

гром

griaustinis

буря

audra

град

kruša

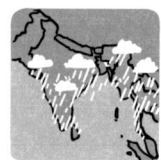

муссон

musonas

наводнение

potvynis

лёд

ledas

январь

sausis

февраль

vasaris

март

kovas

апрель

balandis

май

gegužė

июнь

birželis

июль

liepa

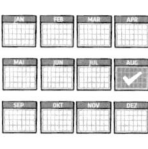

август

rugpjūtis

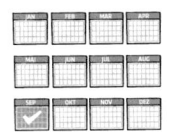

сентябрь

rugsėjis

октябрь

spalis

ноябрь

lapkritis

декабрь

gruodis

формы

formos

круг

apskritimas

квадрат

kvadratas

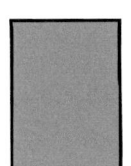

прямоугольник

stačiakampis

треугольник

trikampis

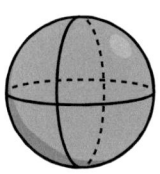

шар

sfera

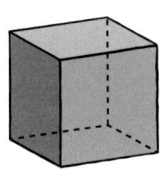

куб

kubas

белый

balta

желтый

geltona

оранжевый

oranžinė

розовый

rožinė

красный

raudona

лиловый

violetinė

синий

mėlyna

зелёный

žalia

коричневый

ruda

серый

pilka

черный

juoda

много / мало

daug / mažai

яростный / мирный

piktas / ramus

красивый / уродливый

gražus / bjaurus

начало / конец

pradžia / pabaiga

большой / маленький

didelis / mažas

светлый / темный

šviesus / tamsus

брат / сестра

brolis / sesuo

чистый / грязный

švarus / purvinas

полный / неполный

užbaigtas / neužbaigtas

день / ночь

diena / naktis

мёртвый / живой

miręs / gyvas

широкий / узкий

platus / siauras

съедобный / несъедобный

valgomas / nevalgomas

злой / дружелюбный

piktas / malonus

взволнованный /
скучающий

linksmas / nuobodus

толстый / худой

storas / plonas

сначала / в конце

pirmiausia / paskiausia

друг / враг

draugas / priešas

полный / пустой

pilnas / tuščias

твёрдый / мягкий

kietas / minkštas

тяжёлый / легкий

sunkus / lengvas

голод / жажда

alkis / troškulys

больной / здоровый

ligotas / sveikas

незаконный / законный

nelegalus / legalus

умный / глупый

protingas / kvailas

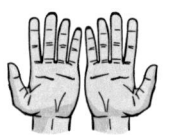

слева / справа

kairė / dešinė

близко / далеко

arti / toli

новый / подержанный

naujas / naudotas

ничто / нечто

niekas / kažkas

старый / молодой

senas / jaunas

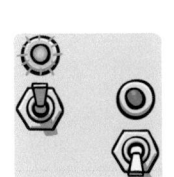

включено / выключено

įjungta / išjungta

открыто / закрыто

atidaryta / uždaryta

тихо / громко

tylus / garsus

богатый / бедный

turtingas / vargšas

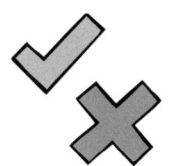

правильный /
неправильный
teisus / neteisus

шероховатый / гладкий

šiurkštus / švelnus

печальный / счастливый

liūdnas / laimingas

короткий / длинный

trumpas / ilgas

медленный / быстрый

lėtas / greitas

мокрый / сухой

drėgnas / sausas

тёплый / прохладный

šiltas / šaltas

война / мир

karas / taika

противоположности - priešingos reikšmės žodžiai

0

ноль

nulis

1

один

vienas

2

два

du

3

три

trys

4

четыре

keturi

5

пять

penki

6

шесть

šeši

7

семь

septyni

8

восемь

aštuoni

9

девять

devyni

10

десять

dešimt

11

одиннадцать

vienuolika

12

двенадцать

dvylika

13

тринадцать

trylika

14

четырнадцать

keturiolika

15

пятнадцать

penkiolika

16

шестнадцать

šešiolika

17

семнадцать

septyniolika

18

восемнадцать

aštuoniolika

19

девятнадцать

devyniolika

20

двадцать

dvidešimt

100

сто

šimtas

1.000

тысяча

tūkstantis

1.000.000

миллион

milijonas

английский

anglų

американский английский

amerikiečių anglų

мандаринский китайский

kinų (mandarinų)

хинди

hindi

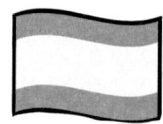

испанский

ispanų

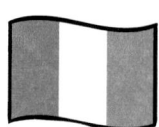

французский

prancūzų

арабский

arabų

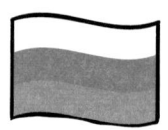

русский

rusų

португальский

portugalų

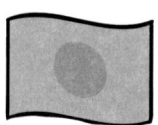

бенгальский

bengalų

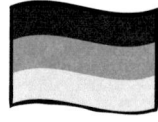

немецкий

vokiečių

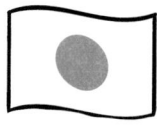

японский

japonų

я

aš

ты

tu

он / она / оно

jis / ji

мы

mes

вы

jūs

они

jie

кто?

kas?

что?

ką?

как?

kaip?

где?

kur?

когда?

kada?

имя

vardas

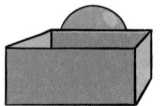

за
....
už

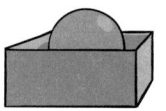

в
....
kur (vieta)

перед
....
priešais

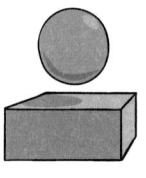

над
....
virš

на
....
ant

под
....
po

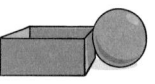

рядом
....
prie

между
....
tarp

место
....
vieta